Cuerpos en el espacio

por Maryellen Gregoire

Consultora:
Adria F. Klein, Ph.D.
California State University, San Bernardino

capstone classroom
Heinemann Raintree • Red Brick Learning
division of Capstone

Una galaxia está en el espacio.

La tierra está en el espacio.

La Luna está en el espacio.

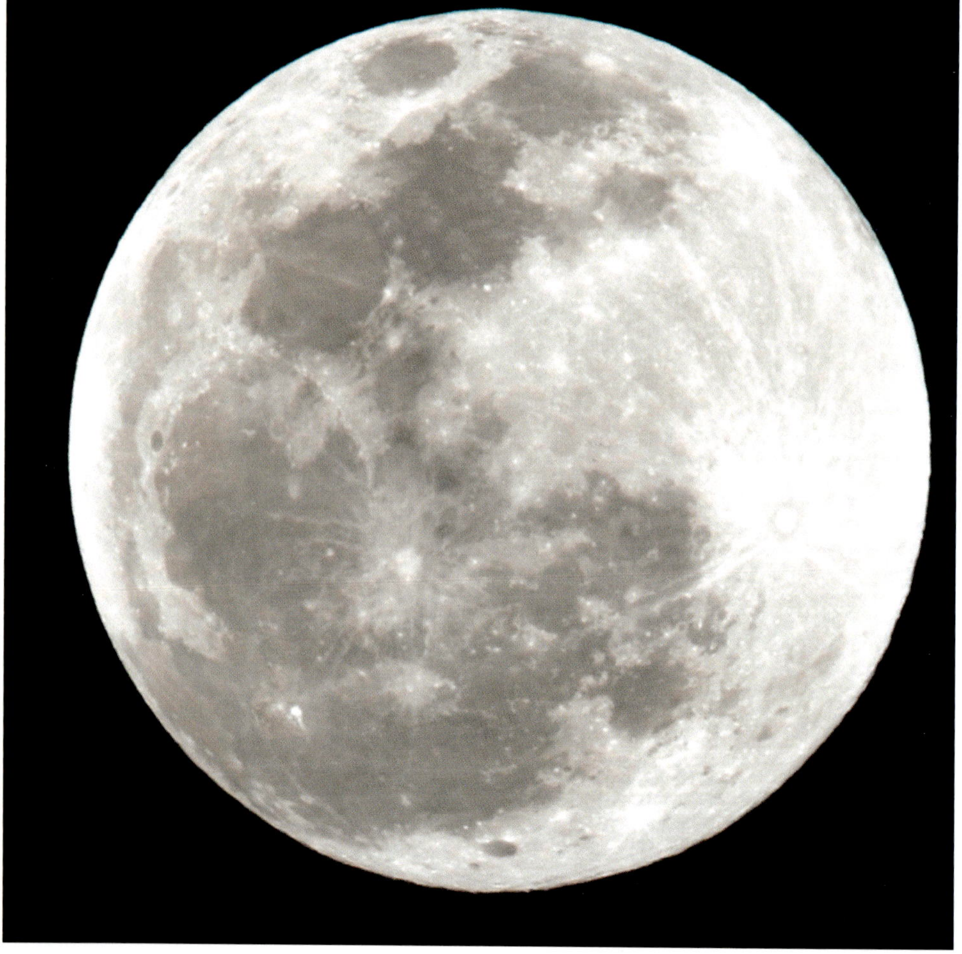

El Sol está en el espacio.

Las estrellas están en el espacio.

Los satélites están en el espacio.

¡Hasta los seres humanos están en el espacio!